지도자 지침서

# 예배에서 하나님을 경험하는 삶

헨리 블랙가비 · 론 오웬스 지음
서진영 옮김

요단

지도자 지침서

예배에서 하나님을

# 경험하는 삶

2010년 12월 10일 | 제1판 1쇄 발행

**지은이** | 헨리 블랙가비 · 론 오웬스
**옮긴이** | 서진영
**펴낸이** | 안병창
**펴낸데** | 요단출판사

158-053 서울특별시 양천구 목3동 605-4
**기 획** | (02) 2643-7391
**영 업** | (02) 2643-7290~1
Fax (02) 2643-1877
**등 록** | 1973. 8. 23. 제13-10호



**기 획 · 편 집** | 김성조
**디자인** | 지킴이커뮤니케이션 이명애
**제 작** | 박태훈 권아름
**영 업** | 김창윤 정준용 이영은 박종철

**정 가** 5,000원
ISBN 978-89-1327-2 03230



* 본문에 인용된 성경구절은 개역개정판 성경을 사용하였음을 알려드립니다.

요단인터넷서점 www.jordanbook.com

Leader's Guide

# Worship
## Believers
## Experiencing God

Henry Blackaby & Ron Owens

# Contents

지도자 지침서에는 그룹 지도자 아이디어, 첫 모임 계획, 그리고 단원별 학습 계획이 포함됩니다.

**누가?** 이 성경공부는 목사가 지도하는 것이 가장 좋습니다. 왜냐하면 예배는 교회에서의 삶의 중심이기 때문입니다. 이상적으로는 새신자들을 위해 이 성경공부를 상설하는 것이 좋습니다. 매일 이 책을 가지고 서로 나누며 함께 공부함으로써 예배에 관한 성경의 가르침에 푹 잠기게 될 것입니다. 성경공부에 참여한 사람들이 이 책을 정기적으로 다시 사용하는 것도 그들로 하여금 공부한 내용을 다시 한번 돌이켜보고 토론하고 적용하는 데 도움이 될 것입니다.

**어디서?** 이 책과 이 책의 주제들은 여러 종류의 모임에서 차를 마시면서 공부할 수도 있고, 교회 예배실에서 전교인이 함께 배우면서 좀 더 하나님께 초점을 맞춘 예배를 드리면서 함께 성장하는데 사용할 수도 있습니다.

**언제?** 이 책은 한 번에 한 시간 정도의 토론과 기도로 진행되도록 계획되어 있습니다. 하지만 성령께서 시간과 과정을 인도하시도록 구하십시오.

**어떻게?** 각 장마다 지도자가 해야 할 말과 질문들을 제시하였습니다. 지도자는 주제와 가르침과 시간에 관해 하나님의 인도하심을 받아야 합니다. 지도자나 각 성원들은 매번 모이기 전에 다음과 같이 준비를 하도록 하십시오.

- 모든 성원들을 위해서 기도합니다.
- 그날 배울 내용을 미리 공부합니다.
- 참가자들 역시 각자 미리 읽어 오도록 합니다.
- 모임에 빠진 사람들에게 즉시 연락합니다.

## 첫 모임

### ■ 모임 전에

- 성경공부반이 개설되었음을 알립니다. 참석하는 사람들이 편안하게 토론하고 기도할 수 있는 장소를 마련합니다. 예상 인원과 뒤늦게 참여할 사람들을 고려해 교재를 준비합니다.
- 이 책을 끝까지 읽습니다. 당신이 먼저 내용을 잘 아는 것이 당신의 그룹을 하나님께서 어떻게 인도하실지 아는 데 도움이 됩니다.

### ■ 모임 중에

- 시간을 준수하여 시작합니다. 지각하는 사람들을 최대한 방해가 되지 않도록 환영합니다. 이름표를 준비합니다. 전 교인이 함께 공부하는 경우에도 서로의 이름을 부를 수 있는 것이 도움이 됩니다. 이는 또한 새신자들이 덜 어색하게 느끼고 연대감을 갖는 데 도움이 됩니다. 사람들을 따뜻하게 맞이합니다.

- 이 성경공부의 목적은 "예배에 대한 하나님의 요구와 기준을 함께 이해하고 함께 진정한 예배를 경험하는 것입니다"라고 말하고 로마서 12:1-2을 읽습니다.

그러므로 형제들아 내가 하나님의 모든 자비하심으로 너희를 권하노니 너희 몸을 하나님이 기뻐하시는 거룩한 산 제물로 드리라 이는 너희가 드릴 영적 예배니라 너희는 이 세대를 본받지 말고 오직 마음을 새롭게 함으로 변화를 받아 하나님의 선하시고 기뻐하시고 온전하신 뜻이 무엇인지 분별하도록 하라 _로마서 12:1-2.

- "성경에서 말하는 "영적인 예배"는 어떤 것입니까?" 필요하다면 다시 한 번 로마서 12:1을 인용하십시오. 하나님을 기쁘시게 하는 거룩한 산 제물의 사례가 될 만한 방법과 태도를 토론하십시오.

- 일부 교인들은 예배 방법을 놓고 갈등합니다. "어떻게 예배를 드릴 것인가?"라는 문제가 음악의 종류나 예배 시간, 설교의 길이, 헌금 위원을 누가 할 것인가의 문제라고 생각하는 사람들이 있습니다. 그런 문제들이 하나님의 자비하심과 자신의 몸을 산 제사로 바치는 것과 하

나님께 거룩하고 기뻐하시는 존재가 되는 것으로부터 주의를 다른 데로 돌리게 만드는 요소는 아닌지 생각해 보도록 하십시오. 로마서 12:1을 적용하여 어떻게 성경적인 예배를 드릴 수 있는지 토론하십시오.

• 다음의 개요를 사용하십시오: 진정한 예배는 언제나 삶을 변화시킵니다. 하나님 자신과 그 백성들을 위한 하나님의 일에 있어서 진정한 예배보다 더 중요한 것은 없습니다. 마찬가지로 사단의 사업에서도 (1) 예배에 대해 하나님의 백성들을 속이는 것, (2) 진정한 예배의 대체물을 만드는 것 (3) 진정한 예배를 왜곡하고 바꾸는 것보다 더 차원 높은 것은 없습니다.
요한계시록 12:9을 읽으십시오.

큰 용이 내 좇기니 옛 뱀 곧 마귀라고도 하고 사단이라고도 하며 온 천하를 꾀는 자라 그가 땅으로 내쫓기니 그의 사자들도 그와 함께 내쫓기니라 _계 12:9

예수님이 마태복음 4:1-11에서 보여주셨듯이 사탄이 그를 유혹했을 때 그 속임수를 이기는 오직 한가지 확실한 방법은 성경뿐이었습니다.

"예수님께서 사탄의 속임수를 이기시기 위해 성경을 어떻게 사용하셨나요?"라고 물으십시오. 각 그룹의 설명을 종이나 칠판에 적으십시오.

■ 사탄의 속임수에 포함될 수 있는 것들을 지적하십시오.

(1) 인간의 전통　(2) 인간의 말　(3) 인간의 탄압
(4) 인간의 호소　(5) 인간의 유행　(6) 인간들 사이에서의 인기에 대한 유혹

■ "하나님은 언제나 그 백성들을 분명한 계시의 말씀으로 인도하셨습니다. 사단은 언제나 하나님의 말씀을 왜곡하고 비꼬았습니다. 하지만 하나님의 성령은 언제나 그 백성들 안에 계셔서 모든 것을 바르게 하시고 하나님의 말씀과 조화되게 하십니다. 우리가 진리의 말씀 안에서 예배에 대해 공부할 때 하나님께서는 우리를 진리로 인도하실 것을 믿고 나아갈 수 있습니다"라고 말합니다.

■ 이 책의 차례에 따라 6단원까지의 학습 주제를 적습니다.

■ 책을 나눠줍니다.

■ 기도로 마칩니다.

# 제1단원 하나님께서 창조하실 때 하신 일

## ■ 모임 전에

- 각 성원들을 위해서 기도하십시오. 제1단원의 본문을 읽고 준비하십시오. 다른 성원들에게 미리 준비해 오도록 격려하고 지난 주에 참석하지 못한 성원들에게 연락합니다.

## ■ 모임 중에

- 다음과 같은 말로 그룹을 맞이합니다. "여러분은 하나님께서 하나님을 예배할 필요와 욕구를 인간의 본성에 심어놓으셨다는 것을 깨달은 적이 있습니까? 이 지구상 어느 곳을 가든지, 가장 멀리 떨어진 곳을 가더라도 사람들이 신을 예배하는 것을 볼 수 있습니다. 왜 그렇습니까? 하나님이 우리를 그렇게 창조하셨기 때문입니다. 우리는 어떤 사물, 혹은 어떤 사람을 예배합니다. 우리가 유념해야 할 것은, 우리는 가장 소중하게 생각하는 것, 그것이 무엇이든 그것을 예배한다는 사실입니다. 예배를 어떤 대상에게 절하는 것, 우리의 흥미와 시간과 애정을 주는 것이라고 정의한다면, 사람들이 예배하는 대상에는 무엇이 있습니까?" 이 문제에 대해 토론합니다.

"네 보물 있는 그 곳에는 네 마음도 있느니라"
마태복음 6:21

- 마태복음 6:21을 읽으십시오. "우리의 토론에 비추어 볼 때 이 구절을 어떻게 적용할 수 있습니까? 만약 어떤 보이지 않는 관찰자가 당신의 삶을 한 달 동안 관찰한다면 당신의 예배의 대상은 무엇이라고 결론을 내릴 것 같습니까? 이 공부를 하는 동안 계속해서 이 질문을 염두에 두도록 하십시오.

- "바울은 로마서 9:1에서 '내가 그의 아들의 복음 안에서 내 심령으로 섬기는 하나님' 이라고 말했습니다. 여기서 섬긴다는 단어는 원래 그리스어의 latreuo로 '예배한다' 라고도 번역될 수 있는 말입니다. 다시 말해서 바울의 사역 자체가 예배의 한 형태라는 것입니다. 해야만 하기 때문에 한 것이 아닙니다. 주님에 대한 사랑 때문에 한 것입니다." "여러분은 매일 매일 복음의 진리를 생활 속에 실천함으로써 하나님을 적극적으로 예

배합니까? 그 예를 제시하십시오." 그 반응을 종이나 칠판에 적습니다.

- "제1과의 하나님 초점의 지수(20쪽)에 대해 스스로 어떻게 평가했습니까? 어느 질문이 가장 마음에 남았습니까?"라고 질문합니다.

- 예배에 해당하는 히브리어 샤차에 대해 배운 것을 질문하십시오(25-26쪽). 답은 하나님 앞에서 절하고, 무릎 꿇고, 혹은 엎드린 사람의 모습을 포함한다는 것입니다. "당신은 샤차 마음을 가지고 있습니까?"

- "구약 시대의 하나님의 백성들이 휘장으로 구별된 하나님의 임재가 머물었던 지성소로 가는 유일한 길은 대제사장을 통해서 였습니다. 대제사장도 일 년에 단 하루, 속죄일에만 모든 백성을 위해 희생제물을 바치기 위해서 들어갈 수 있었습니다. 그러나 우리 죄를 위한 그리스도의 희생을 통해서 신자들은 하나님과의 새로운 언약 관계에 들어갔습니다." 히브리서 10:19-22을 읽으십시오.

"그러므로 형제들아 우리가 예수의 피를 힘입어 성소에 들어갈 담력을 얻었나니 그 길은 우리를 위하여 휘장 가운데로 열어 놓으신 새로운 살 길이요 휘장은 곧 그의 육체니라 또 하나님의 집 다스리는 큰 제사장이 계시매 우리가 마음에 뿌림을 받아 악한 양심으로부터 벗어나고 몸은 맑은 물로 씻음을 받았으니 참 마음과 온전한 믿음으로 하나님께 나아가자"
히브리서 10: 19-22

"어떻게 해서 구약 시대에는 받아들여질 수 없었던 모든 믿는 자들의 예배가 지금은 하나님께 받아들여지게 되었습니까?" 답을 놓고 토론합니다. "하나님께서 모든 신자들로 하여금 그의 거룩하신 존재 앞에 나올 수 있게 하셨다는 것은 무엇을 의미하는가?"에 대해 토론합니다. 하나님의 임재 앞에 있음을 강하게 의식하는 것이 예배에 어떤 영향을 미칩니까?

- 성원들로 하여금 그들이 의식적으로 자신의 죄를 회개하고 예수님을 구주로 받아들인 순간을 짧게 나누도록 하십시오. 지도자로서 당신이 먼저 나누어도 좋습니다. 몇 사람이 간증을 한 뒤, 시편 51:17을 읽고 하나님은 상한 심령과 회개하는 마음의 제사를 받으신다는 것을 지적합니다. 이에 비추어 볼 때 어떻게 하나님께 받아들여질 수 있는 예배를 준비해야 합니까?(39-40쪽)

"하나님께서 구하시는 제사는 상한 심령이라 하나님이여 상하고 통회하는 마음을 주께서 멸시하지 아니하시리이다"
시편 51:17

- 하나님께서 각자의 죄를 깨닫게 하시고 씻어주실 것과 다음 번 예배를 위한 마음의 준비를 위해 기도하는 것으로 모임을 마칩니다.

# 제2단원 왜 하나님이 예배의 중심인가?

"너희가 만일 너희를 사랑하는 자만을 사랑하면 칭찬 받을 것이 무엇이냐 죄인들도 사랑하는 자는 사랑하느니라 너희가 만일 선대하는 자만을 선대하면 칭찬 받을 것이 무엇이냐 죄인들도 이렇게 하느니라 너희가 받기를 바라고 사람들에게 꾸어 주면 칭찬 받을 것이 무엇이냐 죄인들도 그만큼 받고자 하여 죄인에게 꾸어 주느니라 오직 너희는 원수를 사랑하고 선대하며 아무 것도 바라지 말고 꾸어 주라 그리하면 너희 상이 클 것이요 또 지극히 높으신 이의 아들이 되리니 그는 은혜를 모르는 자와 악한 자에게도 인자하시니라 너희 아버지의 자비로우심 같이 너희도 자비로운 자가 되라"

누가복음 6:32-36

## ■ 모임 전에

- 각 성원들을 위해서 기도하십시오. 제2단원의 본문을 읽고 준비하십시오. 다른 성원들에게도 미리 준비해 오도록 격려하고 지난 주에 참석하지 못한 성원들에게 연락합니다.
- 토론 내용이나 답을 적을 종이나 칠판 등을 준비하십시오.

## ■ 모임 중에

- 성원들이 함께 십계명을 적어보도록 하십시오. 필요하다면 출애굽기 20:1-17을 참조하십시오. 앞의 네 계명은 우리와 하나님과의 관계, 뒤의 여섯 계명은 다른 사람들과 어떤 관계를 맺어야 되는가에 관한 것임을 설명하십시오. 42쪽의 핵심 구절과 제2단원의 본문을 읽고, 서기관들이 예수에게 가장 중요한 율법이 무엇인가에 대해 물었을 때 어떻게 대답하셨는가에 대해서 토론합니다.

- 하나님의 거룩하심이 그들의 예배와 삶과 교회에서의 활동에 어떻게 나타나야 하는지 질문하십시오(45-46쪽). 지금까지 실생활에서 어떤 식으로 나타난 바가 있는지 토론해 보십시오.

- 한 사람에게 누가복음 6:32-36을 읽게 합니다. 일부 신자들은 이 구절을 무시해도 좋다고 생각합니다. 만약 당신이 누군가에게 친절하거나 자비를 베풀지 않기로 결정한다면, 누가 더 큰 권위를 가진 것입니까? 자신입니까 아니면 하나님입니까? 왜 그렇습니까?(47쪽)

하나님께 받아들여지기 위해서는 그의 본성과 명령에 반대되는 것들을 회개해야 합니다. 하나님과 올바른 관계를 맺기 위해서는 다른 사람들과 올바른 관계를 맺어야 합니다. 마태복음 5:23-24은 우리의 예배가 열납되기 위해서는 우리가 형제들과 화해해야 한다는 것을 말해줍니다.

"그러므로 예물을 제단에 드리려다가 거기서 네 형제에게 원망들을 만한 일이 있는 것이 생각나거든 예물을 제단 앞에 두고 먼저 가서 형제와 화목하고 그 후에 와서 예물을 드리라." _마태복음 5:23-24

- 한 개인의 예배가 열납되기 위해서 먼저 누군가에게 원망들을 만한 일을 해결해야 한다면, 한 회중의 예배가 하나님께 열납되는 데에 있어서 장애는 어떤 것이 있을 수 있습니까? 사람들과 또 하나님과 화해하는 데 있어서 겸손과 회개는 어떤 관계가 있습니까?(49쪽)

- 하나님의 이름은 하나님의 본성입니다. 하나님은 그 본성에 어긋나는 일은 절대로 하지 않으십니다. 하나님을 주님이라고 부르면서 그의 이름에 반대되는 행동을 하거나 그런 삶을 사는 것은 하나님의 이름을 욕되게 하는 것입니다. 이것은 하나님의 이름을 헛되이 취하는 것이며 세 번째 계명을 어기는 것입니다. 하나님의 백성들이 하나님의 성품을 반영하지 않을 때, 신자들에게는 걸림돌이 되고, 불신자들에게는 하나님의 진리를 막는 장애가 됩니다.

- 신자들이 세상을 구원하시는 하나님의 일에 동참하고자 할 때, 왜 하나님께서 그들의 말과 행동과 생활을 바꿔 주시도록 끊임없이 헌신해야 할까요?"라고 질문합니다(55-56쪽).

- "어떻게 안식일이 하나님께서 그 선택하신 자들을 구원하시고 영원히 거룩하게 하셨다는 표시가 될까요?" 출애굽기 31:13-17을 읽고 토론합니다.

- "안식일을 어떻게 지키는 것이 하나님께 더 큰 영광을 드리는 방법일까요?"

- 하나님께서 사랑과 자비를 베푸신 것처럼 자기를 부인하고 사랑과 자비를 보여주는 화해자로 변화시켜 주시도록 기도하는 것으로 모임을 마칩니다.

# 제3단원 열납되는 예배에 대한 하나님의 기준은 무엇인가?

"그러므로 형제들아 내가 하나님의 모든 자비하심으로 너희를 권하노니 너희 몸을 하나님이 기뻐하시는 거룩한 산 제물로 드리라 이는 너희가 드릴 영적 예배니라"
로마서 12:1

## ■ 모임 전에

- 각 성원들을 위해서 기도하십시오. 제3단원의 본문을 읽고 준비하십시오. 다른 성원들에게도 미리 준비해 오도록 격려하고 지난 주에 참석하지 못한 성원들에게 연락합니다.
- 토론 내용이나 답을 적을 종이나 칠판 등을 준비하십시오.

## ■ 모임 중에

- 지난 단원의 성경 암송 구절, 로마서 12:1을 상기시키며, "왜 하나님은 제물을 요구하십니까?"라고 질문합니다(64쪽). 하나님의 구속 계획이 언제나 희생 제물, 피를 흘릴 것을 요구했다는 것에 대해 함께 토론합니다(64-65쪽).

- 구속의 역사의 발전(66-67쪽)을 다시 상기시킵니다

(1) 한 사람을 위한 한 마리의 양
(2) 한 가족을 위한 한 마리의 양
(3) 한 민족을 위한 한 마리의 양
(4) 전 세계를 위한 유일한 양.

하나님께서 수천 년 동안 예수님이라는 희생제물을 받기 위해 어떻게 그 백성들을 준비시키셨는가를 돌이켜 보십시오. 그리고 세상을 위해서 죽임을 당한 그 양이 어떻게 자기 개인을 위한 희생제물이 될 수 있는지, 각자 자신의 말로 설명하도록 합니다. 몇 명으로 하여금 그 생각을 나누게 합니다.

이것이 바로 우리가 하나님, 우리의 창조주이시자 구원자이신 하나님을 예배하러 모이는 기초입니다. 그러므로 자신의 생각을 옆의 한 두 사람과 나누도록 하고 만 24시간 안에 최소한 또 다른 한 사람과 그들이 깨달은 것을 나누도록 권합니다.

- "그리스도께서 그의 피로 궁극적인 희생제물이 되셨기 때문에 하나님은 그 희생으로 구원받은 사람들에게 영적인 제사를 원하십니다"라고 말합니다. 베드로전서 2:5을 읽고 어떻게 신자들의 삶이 산 돌처럼 영적인 집으로 지어지고, 거룩한 제사장이 되고, 영적인 제물을 바칠 수 있는지 토론하십시오. "그리스도의 몸의 일부로서 여러분은 하나님의 가족의 일원이 되었습니다. 모든 신자들은 자신과 다른 모든 사람들을 위해서 하나님께 중보할 수 있습니다. 신자들은 각자 제사장으로서 하나님과 직접적으로 관계를 맺으며 더 이상 피의 제물이 필요하지 않습니다. 하나님께서 제물로 원하시는 것은 준비되고 사랑하는 마음입니다"라고 말하고 이에 대해 토론합니다(69-72쪽).

"너희도 산 돌 같이 신령한 집으로 세워지고 예수 그리스도로 말미암아 하나님이 기쁘게 받으실 신령한 제사를 드릴 거룩한 제사장이 될지니라"

베드로전서 2:5

- "예수님의 희생으로 인해서 이제 예배자들이 또한 예배의 제물이 되었다고 성경은 말합니다. 하나님은 우리가 우리 자신을 제단에 바치기를 원하십니다"라고 말합니다. 사도 바울이 로마서 12:1-2에서 말한 다섯 가지 충고가 무엇인지 말해보도록 합니다(73-77쪽 제3과). 그 답을 적습니다.

(1) 우리가 바치는 제물은 온전한 것이어야 합니다.
(2) 우리의 희생제물은 살아있는 것이어야 합니다.
(3) 우리가 바치는 제사는 거룩한 제사여야 합니다.
(4) 우리가 바치는 제사는 받아들여지는 제사여야 합니다.
(5) 이 제물은 삶을 변화시키는 것이어야 합니다.
각 항목에 대해 토론합니다.

"주라 그리하면 너희에게 줄 것이니 곧 후히 되어 누르고 흔들어 넘치도록 하여 너희에게 안겨 주리라 너희가 헤아리는 그 헤아림으로 너희도 헤아림을 도로 받을 것이니라"

누가복음 6:38

- 누가복음 6:38을 읽고 "예배는 제물을 바치는 것입니다. 예배는 주는 행위입니다. 예배는 시간을 드리는 것입니다. 스포츠를 숭배하는 사람은 숭배하고 싶은 자신의 욕구를 만족시키기 위해서 시간과 돈을 투자합니다. 차나 배를 숭배하는 사람은 이 욕구를 충족시키기 위해서 필요한 모든 시간과 돈을 내줍니다. 성공이나 돈을 숭배하는 사람은 자신이 원하는 것을 얻기 위해서 필요한 모든 시간과 노력을 줍니다. 이처럼 주는 것은 예배의 핵심입니다"라고 말합니다.

"하나님이여 나를 살피사 내 마음을 아시며 나를 시험하사 내 뜻을 아옵소서 내게 무슨 악한 행위가 있나 보시고 나를 영원한 길로 인도하소서"

시편 139:23-24

- "예배에 대한 여러분의 태도는 어떻습니까? 다른 사람들과 함께 예배 가운데 자신을 드리기를 원하는 마음으로 교회에 갑니까? 아니면 많은 사람들처럼 자신이 무엇을 얻을 것인가, 혹은 어떻게 즐길 것인가를 생각하며 갑니까?"라고 질문합니다. 예배에 있어서 자신이 주는 자인지 받는 자인지 각자의 생각을 나누도록 합니다. 이런 점에서 볼 때 "교회 쇼핑"에 대해 어떻게 생각해야 할지 토론합니다(79-80쪽).

- 누가복음 6:38의 예수님의 말씀을 상기시킵니다. "만약 하나님께서 그 분의 목적을 위해 당신을, 인간적인 생각에 비추어볼 때 썩 내키지 않는 교회, 당신이 원하는 것을 다 얻을 수는 없는 교회로 인도하신다면 어떻게 하겠습니까? 그 교회의 음악이 자신의 취향이 아니라면 어떻게 하겠습니까? 혹은 다른 어떤 점에서 내가 원하는 식으로 바꿀 수 있지 않을까 하는 생각이 든다면 어떻게 하겠습니까?"라고 질문합니다(80쪽).

- 시편 139:23-24를 소리내어 읽고 "예배에 대한 우리의 태도가 하나님께서 우리의 예물을 기뻐하시는지를 결정합니다. 예배를 지도하는 사람들만이 아니라 우리 자신이 예배자들입니다"(81쪽)라고 말합니다.

# 제4단원 변화된 예배자의 삶의 방식

## ■ 모임 전에

- 각 성원들을 위해서 기도하십시오. 제4단원의 본문을 읽고 준비하십시오.
- 다른 성원들에게도 미리 준비해 오도록 격려하고 지난 주에 참석하지 못한 성원들에게 연락합니다.
- 토론 내용이나 답을 적을 종이나 칠판 등을 준비하십시오.

## ■ 모임 중에

- 이번 주의 핵심 구절인 고린도후서 3:18을 인용하면서 시작합니다(84쪽). "이 구절에서 말하는 것에 기초해서 볼 때 변화되고 있는 사람들은 어떤 사람들입니까?"라는 질문에 대해 토론합니다.

"우리가 다 수건을 벗은 얼굴로 거울을 보는 것 같이 주의 영광을 보매 그와 같은 형상으로 변화하여 영광에서 영광에 이르니 곧 주의 영으로 말미암음이니라"
고린도후서 3:18

"변화된다는 것은 우리 삶에서 성령의 역사를 경험하는 것입니다. 변화된 삶은 예수님의 삶이 우리를 통해서 표현되도록 하는 것입니다. 요한복음 14:6에서 예수님은 스스로를 '길이요 진리요 생명'이라고 하셨습니다. 성령에 의해 변화된 사람들은 예수님께서 마련하신 구원의 길을 알게 된다는 점에서 예수님과 같이 될 것입니다. 예수님의 진리가 그들의 삶에 명백히 드러날 것입니다. 영원한 생명은 이 땅의 것들에 대한 신자들의 시각을 바꾸어 영원한 것들에 초점을 맞추게 합니다"라고 말합니다.

- 자기 주변에 있는 예수님을 모르는 사람들의 명단을 작성하도록 합니다(87쪽). "그리스도께서 얼마나 자주 당신을 통해 말씀하십니까? 당신은 그리스도의 영향력이 드러나는 삶을 살고 있습니까? 예수님을 알지 못하는 사람이 당신과 함께 주일 예배를 드리러 왔다면 어떻게 당신이 예수님이 함께 하는 것을 볼 수 있겠습니까?(87-89쪽)

- "마리아의 모습에서 우리는 예배하는 마음의 훌륭한 예를 볼 수 있습니다. 다른 사람들은 마리아의 행위가 합당한 것인지에 대해 의문을 품었

"내가 진실로 너희에게 이르노니 온 천하에 어디서든지 이 복음이 전파되는 곳에서는 이 여자가 행한 일도 말하여 그를 기억하리라 하시니라"

마태복음 26:13

습니다"라고 말합니다. 마태복음 26:13을 읽고 "어떻게 해야 우리가 하나님 앞에 모일 때 이와 같은 예배의 자세를 가질 수 있습니까?"라고 질문합니다(87-91쪽).

- 가정에서의 예배의 예를 다시 살펴봅니다(92-93쪽). 디모데, 아브람, 이삭, 야곱에 관한 본문을 상기시킵니다. 기독교인의 가정에서 예배를 생활의 중요한 일부로 만들 수 있는 방법들을 생각해 봅니다. 하나님은 가정예배를 통해서 당신을 어떻게 변화시키실 수 있습니까?

- 사도행전 16:24-36; 사도행전 9:36-42; 사도행전 16:11-15; 로마서 16:3을 소리내어 읽게 합니다. 이 사례들이 하나님의 나라에 미친 영향에 대해 토론합니다(93쪽).

- "예배는 하나님의 임재 앞에서 일어납니다. 하나님과의 모든 만남은 하나님의 뜻을 보여주시고 그에 순종하도록 부르시는 예배를 포함합니다(93쪽). 하나님께서 그분을 드러내시고, 그 일에 동참하도록 부르신 적이 있는지 생각해 보고, 또 기억나게 해 주시도록 기도하는 시간을 갖습니다. 하나님께서 변화된 예배자의 삶을 그의 목적을 이루시기 위해 어떻게 사용하시는지 서로 나누며 격려합니다.

- 다음과 같이 말합니다. "오늘날 우리는 국민적 차원에서의 예배를 상실한 것 같습니다. 이스라엘 백성은 하나님의 백성으로서 모여 예배를 드렸습니다(97-100쪽). 오늘날 하나님의 백성으로서 회중이 함께 모일 때 우리가 하나님의 명령에 따라 모인다는 것을 어떻게 강조할 수 있습니까? 어떻게 예배를 드릴 준비와 자격을 갖추고 우리 가족이 함께 하나님의 얼굴을 찾고 그가 복 주시는 것을 믿으며 나아오게 할 수 있습니까?"

- "다른 집단에 속한 하나님의 백성들과 같은 마음을 나눈다면 우리가 사는 곳에 어떤 일이 일어날 수 있을지 세 가지를 들어보십시오." 부흥은 계획된 활동으로써가 아니라 결과로써 나타납니다.

- 바울이 예배자였음을 상기시킵니다. 그는 예배에 대해 가르치고 격려했을 뿐 아니라 그 자신이 드리는 예배에 대해 종종 언급했습니다. 영적 지도자들이 드리는 예배의 자세에 따라서 하나님의 백성들의 예배가 결정됩니다. 이것이 성경에 나타난 양상일진대 영적인 지도자들을 위해서 기도하고 격려하는 것이 얼마나 중요하겠습니까? 영적인 지도자들의 영육간의 건강을 소홀히 하지 않을 수 있는 실제적인 방법들은 어떤 것들이 있습니까?(102-105쪽)

- 각자 자신의 가족, 배우자, 회중, 직장에서의 영적인 지도자로서 주와 동행하고 그의 영광을 드러낼 놀라운 책임과 특권이 있는 것을 생각하면서, 모든 참가자들을 위한 기도로 마칩니다.

# 제5단원 천국에서의 예배의 유형

## ■ 모임 전에

- 각 성원들을 위해서 기도하십시오. 제5단원의 본문을 읽고 준비하십시오. 다른 성원들에게도 미리 준비해 오도록 격려하고 지난 주에 참석하지 못한 성원들에게 연락합니다.
- 토론 내용이나 답을 적을 종이나 칠판 등을 준비하십시오.

## ■ 모임 중

"우리 주 하나님이여 영광과 존귀와 권능을 받으시는 것이 합당하오니 주께서 만물을 지으신지라 만물이 주의 뜻대로 있었고 또 지으심을 받았나이다 하더라"
요한계시록 4:11

- 이 단원의 핵심 구절인 요한계시록 4:11을 가지고 하나님을 찬양하는 기도를 인도합니다. "예배에서 하나님의 영광의 중요성에 대해 생각해 본 적이 있습니까? 구약과 신약 모두 하나님의 영광에 대해 여러 번 말씀하고 있습니다. 이번 단원에는 하나님의 영광의 두 가지 측면에 대해 배우고자 합니다: 예배에 임하시는 하나님의 영광과 예배에서 하나님이 마땅히 받으셔야 할 영광입니다(109-114쪽). 하나님의 임재의 영광은 하나님의 본성과 우리의 죄를 드러냅니다. 하나님의 영광은 우리를 회개하도록 부르시고, 우리를 깨끗케 하시고 그의 권능으로 채우심으로써 우리의 예배가 열납될 수 있게 합니다."

- "여러분은 개인적, 집단적 예배에서 하나님의 영광을 경험합니까? 여러분은 거룩하고 경이로운 능력의 하나님께 예배를 드리고 있다는 사실을 의식합니까?"라고 질문합니다. 구체적인 예를 들어가면서 토론하도록 하십시오(111-112쪽).

- "많은 성경 구절이 하나님만이 예배를 받으시기에 합당한 분임을 말해 줍니다. 하나님께서는 다른 어떤 존재에도 영광을 돌려서는 안된다는 것을 분명히 말씀하셨습니다"라고 말합니다. 이사야 42:8을 읽고 "예배를 드리는 가운데 하나님께 돌려야 할 영광을 사람에게 돌리는 경우는 어떤 것이 있습니까? 진정한 예배를 드리기 위해서는 왜 하나님이 중심이 되

어야 하고 사람의 재능이나 능력이나 존재에 초점을 맞춰서는 안됩니까?"라고 질문합니다. 하나님께서 재능과 능력을 주신 것은 그 영광을 드러내시기 위함이지 그를 대신하기 위해서가 아님을 지적합니다(112-113쪽).

- 마태복음 10:29에 "참새 두 마리가 한 앗사리온에 팔리지 않느냐 그러나 너희 아버지께서 허락하지 아니하시면 그 하나도 땅에 떨어지지 아니하리라"를 읽고, "우리가 예배하는 하나님은 모든 일에 대하여 절대적인 권위와 완전한 주권을 가지신 분입니다. 여기에는 여러분과 나도 포함됩니다. 하나님의 통제 바깥에 있는 일은 아무 것도 없습니다"라고 말합니다. "만약 이를 정말로 이해한다면 매일의 삶에 대한 우리의 태도가 어떻게 달라질까요?(115-118쪽)

- "인간의 생각으로 하나님께 속한 것들을 이해하는 것은 불가능합니다. 하나님의 도우심이 없이는 그 광대하심의 일부조차도 이해할 수 없습니다. 하나님에 대한 이해는 우리의 예배에 직접적인 영향을 미칩니다. 그러나 성령께서 우리 안에 사시면서 우리를 지도하시고 가르치실 것을 알기 때문에 힘을 얻을 수 있습니다"(119쪽).

성령께서 하나님을 알게 해주신다는 것이 무슨 의미인지 설명해 봅시다. 토론한 내용을 요약하도록 합니다.

- "하나님은 영원하시고 하나님은 믿는 자들을 영원히 자유와 죄책감으로부터 자유케 하셨습니다. 우리는 과거의 속박으로부터 영원히 자유할 수 있습니다. 그리스도의 피가 우리를 모든 죄에서 깨끗하게 하셨습니다."

"그리스도께서 당신을 과거와 죄로부터 자유롭게 하셨기 때문에 자유를 누릴 수 있는 일들은 어떤 것이 있습니까? 당신은 자유롭게 용서합니까? 자유롭게 믿습니까? 자유롭게 사랑합니까?"(121-122쪽)라고 질문하고 토론합니다. 마지막으로 신명기 33:27에 "영원하신 하나님이 네 처소가 되시니 그의 영원하신 팔이 네 아래에 있도다"라는 말씀을 인용하며 결론을 짓습니다.

- 요한계시록 4:11을 다시 읽고 "우리가 이곳 지상에서 예배를 드릴 때 하나님의 창조의 행위를 인정하는 것입니다. 우리의 몸은 10조 개의 세포로 되어 있으며 각 세포는 모든 사람을 과거와 현재와 미래의 모든 다른 사람들과 다르게 만드는 10만 개의 유전인자를 포함하고 있습니다. 하나님의 창조의 능력은 그의 영원성과 마찬가지로 우리의 상상을 뛰어 넘습니다"라고 말합니다(126-129쪽).

"왜 우리가 하나님의 창조물에 대해 알면 알수록 그 창조주에 대해 점점 더 경외심을 잃게 되는 걸까요? 우리가 더 이상 놀라워하지 않는다면 하나님께 합당한 예배를 드릴 수 있을까요?"라고 질문합니다.

"눈을 감고 스스로에게 물어보십시오, '나는 경외심을 잃어버렸는가? 하나님의 창조의 위대하심 때문에 예배를 드리고자 한 적이 있었던가?'"라고 말하십시오. 성령께서 인도하시는 대로 개인적인 기도시간을 갖습니다.

- "당신이 영원하시고 무한히 복잡한 것들의 창조주시고, 우리의 구원자로서의 하나님의 본성을 의식하는 신자라면 주일 아침 예배하는 방식과 일주일 동안의 생활이 어떤 관계가 있어야 합니까?"라고 질문합니다.

- 각 성원들이 말과 행동에서, 집단적인, 그리고 개인적인 예배를 통해서 주를 섬기도록 기도합니다.

# 제6단원 우리가 다시 예배로 돌이킬 때 어떤 일들이 일어날까?

## ■ 모임 전에

- 각 성원들을 위해서 기도하십시오. 제6단원의 본문을 읽고 준비하십시오. 다른 성원들에게도 미리 준비해 오도록 격려하고 지난 주에 참석하지 못한 성원들에게 연락합니다.
- 토론 내용이나 답을 적을 종이나 칠판 등을 준비하십시오.

## ■ 모임 중에

- 예배 행위가 하나님과의 관계를 전제로 할 뿐 아니라 하나님과의 관계는 예배자일 것을 전제로 한다는 것을 지적합니다. 우리는 예배를 위해 창조되었지만 그 능력을 개인적으로 향상시켜 공적으로 표현할 수 있게끔 합니까? 토론 내용을 종이나 칠판에 적습니다.

- 시편 122:1을 읽고 다음과 같이 질문합니다. "여러분은 예배야말로 당신이 원하는 것이고 당신이 속한 곳이라는 느낌으로, 다윗처럼 기쁘게 예배합니까?"(136-137쪽)

"사람이 내게 말하기를 여호와의 집에 올라가자 할 때에 내가 기뻐하였도다"

시편 122:1

히브리서 10:25를 읽고 다음과 같이 말합니다. "많은 신자들이 예배를 드릴 때 서로 격려하기는커녕 서로 말도 나누지 않는 경우가 많습니다. 어떤 사람들은 아예 교회에 나가지도 않습니다. 이것은 그 백성들과 깊은 관계를 맺기를 원하시는 하나님의 뜻과 반대됩니다."

"모이기를 폐하는 어떤 사람들의 습관과 같이 하지 말고 오직 권하여 그 날이 가까움을 볼수록 더욱 그리하자"

히브리서 10:25

아무리 잘 준비된 예배라도 사람들은 예배 중에 하나님과 사람들을 향한 사랑을 표현하는 말과 행동을 통해 영향을 받습니다. 하나님을 사랑하는 예배자들의 태도와 관련된 체크 목록을 만듭시다. "하나님은 그의 백성들에게 자신을 드러내십니다. 그들이 하나님께로 돌이킬 때 하나님은 보여주고자 하시는 것이 너무나 많습니다. 아무도 죄에 의해 멸망하지 않는 것이 하나님의 궁극적인 소원이십니다"(138쪽).

- 예배에 있어서 하나님과의 완전하고 진정한 관계로 돌이키는 교회를 통해 하나님께서 어떤 일을 하실 수 있다고 생각합니까? 토론을 통해 목록을 만드십시오. 그 목록이 자신의 교회의 미래의 모습이 될 수 있다고 생각하는지 질문하십시오.

- "초대 교회는 우리가 본받아야 할 원형입니다(143-144쪽). 그들은 복음을 듣고 반응했을 뿐 아니라 세상을 뒤집어 놓았습니다."

사도행전 2:42를 읽습니다. "그들이 사도의 가르침을 받아 서로 교제하고 떡을 떼며 오로지 기도하기를 힘쓰니라."

"우리 교회 예배에서 초대 교회의 단순한 행동들이 반영된 요소들은 어떤 것이 있습니까?"라고 묻습니다. 응답을 적습니다. 그 목록을 통해서 우리 교회가 잘하고 있는 것들은 어떤 것들이 있는지 평가해 봅니다. 어떤 영역을 보다 강화할 필요가 있는지도 살펴봅니다. 취약한 영역을 성장시킬 수 있는 간단한 변화들을 생각해 봅시다.

"안디옥 교회에 선지자들과 교사들이 있으니 곧 바나바와 니게르라 하는 시므온과 구레네 사람 루기오와 분봉 왕 헤롯의 젖동생 마나엔과 및 사울이라 주를 섬겨 금식할 때에 성령이 이르시되 내가 불러 시키는 일을 위하여 바나바와 사울을 따로 세우라 하시니 이에 금식하며 기도하고 두 사람에게 안수하여 보내니라"
사도행전 13:1-3

- 사도행전 13:1-3을 읽고 다음과 같이 질문합니다. "하나님의 말씀을 들은 사람들이 바나바와 사울(바울)에게 안수한 그 한 번의 예배로부터 수백 만의 신자들과 교회들이 생겨나리라는 것을 예견한 사람은 몇 명이나 되었을까요?" 당신이 참여한 예배의 영원한 잠재성에 대해 생각해 본 적이 있습니까?(145쪽)

- "바나바와 사울을 따로 세운 역사적인 사건은 하나님의 언약의 백성이 함께 모여 예배드릴 때 일어났습니다. 하나님은 그들이 주님을 섬겨 금식할 때 능력을 주시고, 용기를 주시고 바나바와 사울을 안수하여 보내라고 명령하셨습니다. 이것을 생각할 때 우리가 예배를 위해 모이는 것이 얼마나 중요한 지 알 수 있습니다. 예배의 결과로 하나님의 사람들이 잃어버린 영혼들과 복음을 나누기 위해서 준비되고 고무되어 교회를 나서는 것을 본 적이 있습니까? 그 사람들이 이를 위해서 모였다는 것을 깨닫습니까?(147쪽)

- 라오디게아의 교회는 요한계시록에서 엄중한 경고를 받습니다. 요한계시록 3:17을 읽습니다. "라오디게아의 후퇴한 교회와 반대로 사명을 수행하는 교회는 어떤 교회라고 말할 수 있습니까?" "우리 교회가 이렇게 되기 위해서는 어떻게 해야 할까요?"(148쪽)

- 제6단원 제5과의 순종의 단계를 다시 살펴보고 토론합니다(151-154쪽). "여러분이 예배를 드릴 때 정말로 하나님께 순종한다면, 거룩하고 겸손하고 경외와 찬양과 기도하는 마음으로 드리는 예배를 사모해야 하며, 이 예배를 통해 여러분의 참회에 찬 헌신을 어떻게 드러내겠습니까?

- "모든 세대를 통해 하나님의 백성들은 삶을 변화시키는 예배 속에서 하나님을 만났습니다. 하나님은 그들을 통해서 세계를 변화시키셨고 영광을 받으셨습니다. 진정한 예배의 산물인 변화된 삶이야말로 우리를 지켜보는 세상에 대한 가장 큰 증거입니다. 우리 세대는 하나님께 예배드리는 사람들을 보고 그 자신들이 변화하는 것이 필요합니다. 확실히 하나님은 우리가 할 수 있는 가장 뛰어난 예배를 받으시기에 합당한 분이십니다. 우리 세대가 하나님께 진정한 예배를 드림으로써 그분께 큰 영광을 돌리기를 바랍니다."

- 찬양과 섬김의 예배 가운데 하나님을 경험하는 것에 대해서 지금까지 배운 모든 것을 실천하도록 임무를 부여하고 기도로 마칩니다.

부록

# 예배의 훈련

## 01 경건의 시간을 갖는 법

당신은 그리스도께서 그리스도인 생활의 중심이 되어야 한다는 것을 알고 있을 것이다. 그리스도와 함께 시간을 보내는 것은 그분을 당신 생활의 중심에 모시도록 도와줄 것이다. 이 시간은 '경건의 시간' 혹은 '개인 예배의 시간' 이라고 알려져 있다. 많은 그리스도인들은 매일 경건의 시간을 갖는 것만큼 중요한 일은 없다고 고백한다.

경건의 시간을 위해서 적어도 매일 아침 15분의 시간을 따로 떼어 놓아야 한다. 경건의 시간은 당신 삶의 중심이신 그리스도와 함께 하루를 시작하기 위한 약속이다. 일관성 있는 경건의 시간을 개발하기 위해 다음과 같은 제안을 따라해 보는 것이 좋다.

1) 개인적인 경건의 시간을 갖는 일에 우선순위를 부여한다. 당신의 계획에 알맞은 시간을 선택하여 하나님과 함께 하는 시간으로 설정한다. 대개는 아침 시간이 좋으나, 상황에 따라서는 다른 시간을 따로 떼어놓을 수도 있다.

2) 전날 밤에 미리 준비한다. 자명종 시계를 여유 있게 맞춰 놓아 충분한 시간을 확보할 수 있도록 한다. 아침에 잠을 깨는 것이 어려우면 경건의 시간을 갖기 전에 운동이나 목욕을 하고 또는 외출복으로 갈아입도록 한다. 아무런 방해도 받지 않고 혼자만이 시간을 보낼 수 있는 장소를 선택한다. 전날 밤에 성경, 공책, 기도제목 목록, 연필 등 필요한 자료를 미리 준비한다.

3) 성경 읽는 것과 기도하는 것을 조화 있게 할 수 있도록 계획을 세운다. 개인 경건의 시간에 성경을 읽으면서 기도하고, 예배 중에 사용된 성경구절이나 소그룹 모임에서 사용 되었던 성경구절을 반복하여 읽음으로써 기도와 성경 읽는 것을 조화롭게 할 수 있다.

다음의 제안은 당신이 말씀 안에 살고 믿음으로 기도하며 그리스도 안에 거하도록 도와주기 위한 것이다. 이것은 당신이 제자의 삶으로 훈련받는 데 도움을 줄 것이다.

(1) 주님과 대화할 준비를 한다.

가. 하나님이 당신의 주님이 되시는 것을 인하여 찬양한다.

나. 죄를 고백하고, 의지, 생각, 감정을 주님께 복종시킴으로써 당신 자신을 부인한다.

다. 하루를 주님을 섬기는 데 헌신하고 또 그렇게 하는 법을 보여 주시도록 간구함으로써 당신의 십자가를 지도록 한다.

라. 해답이 필요한 의문들이나 인도하심이 필요한 문제들, 그리고 더욱 강해져야 할 약점들과 그 밖에 하나님과 대화하고 싶은 모든 문제들을 공책에 적어 보라.

마. 하나님께서 우선적으로 생각하시는 문제들과 그분의 뜻을 알려 주실 준비가 되어 있는 문제들에 대해서 당신에게 말씀해 주실 것을 기대한다.

(2) 하나님의 말씀을 읽으면서 그분이 당신에게 들려주시는 음성을 듣는다.

가. 교리요약의 계시에 관한 항목을 읽는다.

나. 성경을 체계적으로 읽는다. 알기를 원하는 교리나 가르침 하나를 선택한다. 각 성경 본문이 실려 있는 면의 밑 부분에 나와 있는 주석을 읽음으로써 이해와 적용에 도움을 얻도록 한다. 성경 본문이 당신에게 말하고 있는 하나님의 영감 받은 말씀이라는 것을 명심한다. 그에 대한 설명은 하나님의 말씀을 생활에 적용하도록 도와주기 위한 인간의 해석이다.

다. 이러한 방법은 하나님의 말씀을 연구하는 데 균형을 잡아 줄 것이다. 여러 교리들을 골고루 읽어야 함을 명심한다. 성경에는 다음과 같은 여러 유형이 포함되어 있다는 것을 기억한다. 예배 자료(시편), 지혜에 대한 가르침(잠언, 전도서), 역사적 저술(여호수아), 전기적 저술(사무엘상, 복음서), 서술적 자료(룻기, 요나, 사도행전), 교리적 저술(로마서), 개인적 서신(빌레몬서), 그리고 계시적 저술(다니엘, 요한계시록).

라. 다음과 같은 성경의 네 가지 적용 영역에서 하나님의 음성을 듣도록 한다(딤후 3:6-17). (a) 교훈 - 믿음의 가르침. (b) 책망 - 잘못된 것을 고침. (c) 바르게 함 - 개인의 삶의 방향을 재조정함. (d) 훈련 - 올바른 삶을 살도록 훈련함. 당신은 성경을 읽을 때, 이 네 가지 분야를 잘 살핌으로써, 아직 배우지 못한 가르침이나 잘못을 고쳐야 할 것 혹은 방향 수정을 해야 할 점이나 올바르게 살도록 지시하는 내용이 있는지 찾아보는 것을 습관화하도록 한다.

마. 당신에게 와닿는 단어나 구 또는 구절들을 표시해 놓는다. 성경책의 여백에다 다음과 같

은 식으로 표시를 할 수도 있다. 암시하고 싶은 구절에는 '암', 중요한 가르침을 주는 것에는 '교', 삶의 방향 수정을 요구하는 것에는 '정', 올바른 삶을 살도록 훈련받아야 할 것에는 '훈', 그리고 전도하는데 사용할 구절 앞에는 '전', 어떤 때에는 어느 특정한 분야에 표시된 구절들을 복습할 수도 있을 것이다.

바. 오늘, 하나님께서 성경을 통하여 당신에게 말씀하셨다고 생각되는 것들을 정리하여 본다. 표시한 것들을 다시 한번 확인한다. 거기에 일정한 형식이 두드러지게 나타나는지를 본다. 어느 특정한 단어나 구절이 당신에게 와닿지는 않았는가? 하나님께서 그것을 통해 당신에게 말씀하신 것을 적어본다. 당신은 더 좋은 제자가 되기 위하여 어떠한 구체적인 반응을 보여야 하는지를 생각해 본다.

(3) 하나님이 당신에게 말씀하신 것에 대하여 기도한다.

가. 당신의 공책에 '하나님이 내게 하신 말씀'이라는 제목으로 기록할 수 있는 부분을 첨가한 다. 하나님이 말씀하신 것을 토대로 기도를 적는다.

나. 그것이 어떤 교훈이라면, 기도하면서 그 교훈의 내용을 반복한다. 그 교훈을 주신 하나님께 감사한다. 그것을 당신의 생활에 적용할 수 있도록 도움을 간구한다. 그 외에 또 무엇을 말씀하시려고 하는지 기도한다. 하나님을 찬양한다.

다. 만일 책망이라면, 당신의 죄악이나 실수를 고백한다. 그것에 대해 회개한다. 당신을 용서하신 하나님께 감사한다. 그분의 책망에서 무언인가 배우려고 하고, 다시는 당신의 잘못을 반복하지 않도록 결심한다.

라. 만일 바르게 하는 것이라면, 그 지도하심을 인정하고 받아들인다는 것을 하나님께 말한다. 당신의 행동이나 태도를 변화시키는 데 그분께 도움을 간구한다. 새로운 방향을 지시해 주신 그분께 감사한다.

마. 만일 그것이 훈련이라면, 그분의 도움을 받아 지시받은 대로 실천하겠다는 약속을 하나님께 한다. 그 가르침에 따라 오늘 당신이 취할 새로운 행동 한 가지를 구체적으로 설명한다.

바. 당신이 하나님께 말씀드린 내용을 공책에 적는다. 매일매일 그분께 했던 그 이전의 언약들을 이행했는지 점검한다. 이는 제자의 삶에 있어서 당신의 성장을 점검하는 데 도움을 줄 것이다.

몇 주간 동안 계속 이것을 사용한다. 당신이 한 통로로 하나님과 대화하기 시작한다면 그것은 당신에게 제2의 본능처럼 느껴질 것이다. 때때로 그리스도인들은 하나님께 이야기는 하지만 그분의 응답을 듣지 않는다. 이것은 마치 우리가 어느 한 통로로 말하고 하나님은 또 다른 통로로 말씀하시는 것과 같다. 위의 공부 방법은 하나님과의 상호적인 대화를 가능케 하여 당신이 하나님의 뜻에 따라 행할 수 있게 한다. 그것은 또한 하나님께서 당신에게 줄곧 말씀해 오신 것들을 다른 사람들에게 알려 줄 수 있는 근거를 제공해 주게 된다. 당신의 공책을 점검해 보면, 하나님께서 어느 일정 기간 동안 당신에게 말씀하신 것이 무엇이며, 또한 당신이 관심을 두고 있던 것이 무엇이었는지에 대한 유형들을 보게 될 것이다. 또 다른 방법은 성경 어느 한 권을 정해 놓고, 그것을 매주 또는 매달 계속해서 읽어 나가는 것이다.

(4) 일관성 있게 될 때까지 줄기차게 계속해 나간다. 시간의 양보다는 일관성을 목표로 한다. 하루씩 걸러서, 길게 경건의 시간을 갖는 것보다는 몇 분씩이라도 매일 경건의 시간을 갖도록 한다. 당신은 평생의 습관을 위한 기초 작업을 하고 있는 것이다. 방해 요소가 있으리라 예상해야 한다. 사단은 당신이 하나님과 시간을 보내는 것을 막으려고 할 것이다. 사단은 연약한 그리스도인이라도 하나님 앞에 무릎 꿇고 기도하는 것을 가장 두려워한다. 경건의 시간을 방해하는 사람들이나 일에 대해서 화를 내지는 말아야 한다. 방해받지 않을 시간을 활용하고, 방해하는 것 때문에 마음을 상하지 말고 그것들을 피해서 경건의 시간을 계획하도록 한다.

(5) 경건의 시간을 갖는 습관 자체보다 하나님께 초점을 맞춘다. 그렇게 하면, 그 시간에 국가의 원수를 만난다고 하더라도 경건의 시간은 방해받지 않을 것이다. 하나님을 만나는 것은 어떠한가? 하나님과 당신의 교제는 당신뿐만 아니라 하나님께도 중요한 것이다. 하나님은 당신을 그분과 교제할 수 있도록 창조하셨고, 그 교제를 회복시키기 위하여 당신을 구원하셨다.

(6) 매일 일지를 기록한다. 다음과 같은 형식으로 기록할 수 있다.

• 날짜 : ______년 ______월 ______일(      요일)

• 성경말씀: ______________________ • 주제 : ______________________

• 하나님이 내게 하신 말씀 : ______________________

______________________

가. 교훈 : ______________________

나. 책망 : ______________________

다. 바르게 함 : ______________________

라. 훈련 : ______________________

• 내가 하나님께 드린 말씀 : ______________________

______________________

가. 간구 : ______________________

나. 헌신 : ______________________

다. 죄의 고백 : ______________________

라. 새로운 방향 : ______________________

마. 올바른 삶의 약속 : ______________________

• 암송구절 : ______________________

______________________

______________________

## 02 말씀에 대한 묵상

묵상은 적용을 위한 반성적 사고라고 일컬어진다. 그것은 하나님의 말씀을 구체적으로 명상하고, 숙고하며, 생각함으로써 그 말씀의 내용이 삶의 구체적인 필요에 연관되는 것이다. 하나님의 말씀에 있는 중요한 약속들 중의 하나는 말씀에 대한 묵상과 하나님의 축복의 관계에 대한 것이다. 여호수아 1:8과 시편 1:2-3을 읽어보라. 하나님의 말씀에서 얻을 수 있는 힘과 소망에 대해서 조용히 묵상한다. 당신이 필요로 하는 용기와 힘과 소망에 대해서도 묵상한다.

● 묵상을 기록할 수 있는 공책을 만든다. 매일 한 구절 혹은 한 부분을 묵상한다. 다음과 같은 형식으로 기록할 수 있다.

- 날짜 : ______ • 묵상 구절 : ______
- 문맥 전후의 배경 : ______

______

- 풀어쓰기 : ______
- 자세한 의미 분석 : ______
- 핵심 단어들 : ______
- 핵심 단어들에 대한 질문

왜? ______ 언제? ______

어디서? ______ 누가? ______

무엇을? ______ 어떻게? ______

- 묵상 구절의 개인적 적용 : ______
- 묵상 구절을 중심으로 한 기도 : ______
- 관련 구절들의 요약 : ______
- 구절에서 문제가 되는 것들 : ______
- 다른 사람에게 도움이 될만한 점 : ______
- 계속적인 공부를 위한 메모 : ______

하나님의 말씀을 삶에 적용할 수 있는 지혜를 간구한다(약 1:5). 성경말씀에서 계시를 받을 수 있는 열쇠는 순종이라는 것을 명심한다. 앞에서 제시한 형식을 사용하여 다음과 같이 실행해 본다.

1) 선택한 구절의 앞부분과 뒷부분을 읽음으로써, 그 전후의 배경을 알아본다. 그 구절의 배경과 주제를 파악하고 그 전후 문맥이 주는 전체 교훈을 요약하여 적는다.
2) 그 구절을 풀어 써본다. 그것을 당신 자신의 말로 다시 적어본다.
3) 그 구절의 중심 진리를 찾아내고, 의미를 분석하여 소화시키기 위하여 다음과 같은 세 가지 방법을 사용한다.

(1) 그 구절을 소리내어 몇 번 읽되, 매번 다른 단어에 강조점을 두고 읽는다. 그리고 아주 중요하다고 생각되는 단어를 두세 개 적는다.

(2) 그 구절의 반대 의미를 적어서 대조해 봄으로써, 그 구절이 가르쳐 주고 있는 의미를 확실히 이해하도록 한다.

(3) 앞에서 찾은 두세 개의 핵심 단어들에 대하여 질문을 던져보고, 그에 대한 대답을 해 본다. 각 단어들을 당신 자신의 필요에 연관짓기 위해서 왜? 언제? 어디서? 누가? 무엇을? 그리고 어떻게? 등과 같은 의문사를 사용해 본다. 예를 들어, 빌립보서 4:13을 선택한 경우에 다음과 같은 질문들을 던져볼 수 있을 것이다. 내가 그리스도 안에서 할 수 있는 일 중에는 무엇이 있을까? 왜 나는 이 일들을 해내지 못하고 있는가? 어떻게 하면 내가 그리스도 안에서 모든 것을 시작할 수 있을까?

(4) 당신의 어떤 필요나 과제 또는 기회나 잘못 등을 발견하도록 성령의 인도하심을 간구하고, 또 그 구절을 적용한다. 그 구절을 소화하여 생활 속에 적용시키는 과정에서 성령께서 그 구절의 의미를 밝히 보여 주시도록 기도한다. 그 구절에 대한 반응으로써 당신이 하고자 하는 것들을 적는다. 구체적인 적용이 되도록 한다.

(5) 그 구절의 내용을 중심으로 개인적인 적용을 위한 결심을 기도로 하나님께 아뢴다. 빌립보서 4:13의 경우에 다음과 같이 기도할 수 있을 것이다. "당신께서는 내가 그리스도 안에서 모든 것을 할 수 있다고 하셨습니다. 나의 태도에는 큰 문제점이 있습니다. 나는 남을

용서하고 긍정적인 자세를 갖는 것이 어렵습니다. 그러나 약속의 말씀으로 인해 나도 긍정적으로 될 수 있으며, 또한 오늘 하루도 당신의 능력을 힘입어 모든 문제들을 대할 수 있으니, 감사를 드립니다. 나는 이제 오늘 하루의 모든 일을 해내기 위하여 당신의 능력을 사용하고자 합니다."

(6) 그 구절과 같은 내용을 다루고 있는 관련 구절들을 찾기 위하여 성경에 있는 관주를 사용한다. 그 구절에 관한 교리적 설명이 각 장의 밑부분에 있으니 그것도 참조한다.

(7) 그 구절에는 문제가 되는 점들, 즉 당신이 잘 이해할 수 없는 개념이나 사상 등을 열거한다. 이것들에 대하여 교회의 친구나 지도자들과 논의하도록 한다. 빌립보서 4:13에 대해서 '모든 일을 할 수 있기 위해서는 그리스도의 능력을 과연 어떻게 얻을 수 있을까?' 에 대한 의문이 있을 수도 있다. 당신이 이에 대한 해답을 발견했을 때에는 하나님께 기도하고 당신의 공책에 기록하도록 한다.

(8) 묵상 훈련은 당신이 다른 사람을 위한 사역을 할 수 있도록 인도해 준다. 그 구절을 당신의 친구나 친척 또는 직장 동료에게 사역하는 데 사용할 수 있는 가능성을 적어본다. '어떻게 하면 이 구절의 진리가 나를 통하여 다른 사람에게 전달될 수 있을까' 라는 질문을 해 본다. 그리고 이번 주간 내에 취할 수 있는 행동을 적는다.

(9) 묵상은 연구 자료나 도구 없이 행해지는 것이다. 따라서 계속해서 더 연구해야 할 점들이 있게 마련이다. 계속 연구할 수 있도록 어떤 개념이나 사상, 요약, 적용, 또는 계획 등을 기록한다. 그 묵상구절에 관한 교리 중에서 현재 제자의 삶을 위해 가장 중요한 것이 어떤 것인지를 판단해 본다.

## 03 개인 예배의 지침

경건의 시간과 묵상은 하나님을 예배하는 것으로 연결되어야 한다. 당신은 혼자서도 하나님을 예배할 수 있다. 당신은 '교회에 가서 목회자가 인도하는 예배에 참석해야만 하지 않는가?' 라고 반문할 수 있다. 성경은 모여서 드리는 예배의 중요성을 가르치지만, 또한 개인적으로 예배해야 할 필요성도 강조하고 있다.

하나님이 이 세상과 인간을 창조하신 이래로 사람들은 창조물의 속성에 대해 경탄해 왔다. 우리는 이것들로 인해 창조주를 예배해야 한다. 그러나 우리는 피조물을 예배할 때가 많다. 어떤 사람들은 태양과 달, 그리고 별들의 신비로움으로 인해 그것들을 숭배하기도 하였다. 또한 여러 가지 크기와 모양으로 이루어진 동물들에 대한 숭배도 있었다. 창조에 대한 믿음이나 창조로부터 온 유익을 발견하지 못했을 때, 사람들은 자신의 신을 만들고 자기의 손으로 만든 형상 앞에 꿇어 엎드리는 죄를 범했다(사 2:8, 20; 46:6). 이것은 단지 일시적인 경향만은 아니었다. 그것은 죄악된 인간 본성을 나타내는 명백한 사실이다(롬 1:21-25).

하나님의 말씀을 공부하고 예배하게 됨에 따라서, 당신은 참되신 하나님을 대신하려는 당신 자신의 신들을 인식해야 할 필요가 있다. 그것은 당신이 새롭게 획득한 성경 지식이 될 수도 있다. 매일의 개인 예배 시간에 참되신 하나님을 예배하는 것은 우상을 숭배하고자 하는 유혹을 물리치도록 도와줄 것이다.

우리의 대적인 마귀는 우리가 하나님을 예배하는 것을 원하지 않는다. 예수의 생애와 사역을 파괴하려는 마귀의 시도는 살아 계신 하나님께 대한 예수의 예배를 다른 곳으로 향하도록 만드는 것이었다(마 4:9). 이 대적자는 지금도 우리가 예배하는 것을 바라지 않는다. 마귀는 그리스도인의 삶에서 예배가 지니는 중요성을 알고 있다. 마귀는 우리가 진정으로 드리는 예배를 하지 못하게 하고, 속이고, 왜곡시키려는 노력을 아끼지 않을 것이다. 살아 계신 하나님을 예배할 때 방해와 장애물이 있을 것을 예상해야 한다.

예수는 예배에 대해 혼동된 개념을 가지고 있는 한 여인을 만났다(요 4장). 예배는 개인의 영적 성장에 매우 중요하다. 그래서 예수는 그녀의 문제를 정리해 주기 위해 몇 가지의 가르침을 주셨다. 그녀의 동족인 사마리아인들은 그리심 산이 예배의 장소라고 가르쳤지만, 예수님은 예배란 어느 특정한 장소에 제한되지 않는 것이라고 가르쳐 주셨다. 하나님께서는 영이시므로 한 장소에 제한되어 존재하지 않으신다. 참된 예배는 우리의 영혼 속에서 일어나는 것이다. 그러므로 예배는 언제, 어디서라도 이루어질 수 있다.

이 세상에서 경험할 수 있는 가장 순수한 예배는 죄인이 그리스도의 위대하심 앞에 꿇어 엎드려 영원한 생명을 선물로 받는 그 순간에 일어난다. 이 단순하면서도 심오한 경험은 개인 예배 경험에 좋은 모범이 된다. 우리의 필요는 수시로 변할 것이다. 항상 똑같은 갈급함이나 간절함이 느껴지지는 않을 것이다. 그렇지만 우리가 그분의 전능하심 앞에 우리의 궁핍한 삶을 가져갈 때, 우리는 받아들여지고 도움을 받는다. 참된 예배를 통하여 하나님과 대면할 때, 다음과 같은 다섯 가지의 간단한 사항들이 도움이 될 것이다.

### 1) 예배의 정의

예배는 살아계신 하나님과의 역동적인 대면이다. 역동적이라고 하는 이유는 하나님의 능력을 체험하기 때문이다. 하나님과 대면한다고 하는 것은 예배를 통해서 하나님과 얼굴을 마주 대하는 상황 속으로 들어가기 때문이다. 이러한 정의를 보면 왜 성경에 기록된 대부분의 개인 예배에서 사람들이 땅에 머리를 조아리고 꿇어 엎드렸는가를 이해하게 된다. 우리는 어떤 특정한 신체적인 자세가 자동적으로 예배를 만들어 낸다고 생각해서는 안된다. 그러나 참된 예배는 뉘우침과 경건함, 그리고 겸허한 마음이 생기게 할 것이라는 것을 예측할 수 있다.

### 2) 개인 예배에 대한 권장

우리는 은혜와 도움을 얻기 위해서 담대히 하나님의 보좌 앞에 나아갈 수 있다고 성경은 말한다(히 4:16). 우리는 '여호와를 만날 만한 때에 찾으라' 는 명령을 받는다(사 55:6). 예배는 바람직하며 유익한 경험이다. 그것은 확신과 기쁨의 시간이다. 그것은 그리스도의 제자들에게 필수적인 훈련 분야이다.

### 3) 개인 예배의 방해 요소들

하나님과 교제하면 그분을 예배할 때, 당신은 몇 가지의 방해 요소들을 만나게 될 것이다.

(1) **주의 분산.** 당신이 예배하는 대상에 대한 온전한 집중이 요구된다. 주의를 분산시키는 모든 것들을 차단하고 무시해 버린다. 예배를 당신의 최우선 순위로 삼는다.

(2) **감정들.** 예배는 '영' 으로 하는 것이지만, 반드시 감정적일 필요는 없다. 감정이 움직여지지 않는다고 드려지지 않은 예배는 아니다. 우리의 감정에 영향을 주는 것은 날씨, 건강, 환경 등 여러 가지가 있다. 이 모든 것 중 어느 하나도 예배를 통해 우리와 교제하시려는

하나님의 의도와 교제의 필요성을 막거나 변하게 할 수 없다.

(3) **무지.** 예배는 하나님과 개인적인 관계를 갖는 것이라 할 수 있다. 우리는 우리가 예배하는 대상에 대해 알아야만 한다. 하나님의 은혜, 위대하심, 약속들, 역사하심과 그 밖의 속성들에 대해 무지할 때 우리의 예배는 미약하고 은혜롭지 못한 것이 된다. 주님과 그분의 말씀을 잘 아는 사람들은 예배가 자연스럽고 쉽다는 것을 알고 있다.

### 4) 개인 예배에 도움을 주는 요소들

하나님께서는 당신이 예배하는데 필요한 모든 자원들을 마련해 놓으셨다. 다음의 요소들을 아는 것이 개인 예배에 도움이 된다.

(1) **성령.** 성령은 모든 참된 제자들 속에 거하신다. 그분은 우리의 기도, 예배, 증거, 그리고 사역을 도와주는 역할을 하신다. 그분은 우리로 죄를 깨달아 고백하도록 만드실 것이다. 또한 하나님의 존재하심을 알도록 만들 것이다. 그분은 우리가 느끼고 있는 약점들을 강하게 하실 것이다. 그분은 상심된 우리의 마음을 위로하실 것이다.

(2) **진리.** 예배는 영과 진리 안에서 이루어져야 한다(요 4:24). 하나님의 말씀은 진리이기 때문에 성경은 예배를 돕는 주요한 도구이다. 성경은 그리스도인이 예배하는 하나님의 본질과 속성, 그리고 기대하시는 것들을 나타내 보여 준다. 성경에서 발견되는 하나님의 약속들은 그분께 나아가면 경배하는 일의 토대를 이룬다. 성경의 진리는 우리를 영적으로 세워 준다. 성경의 진리들을 읽는 일은 예배의 한 부분으로서, 그것은 진리의 하나님께 우리의 삶을 헌신하도록 인도한다.

(3) **믿음.** 믿음은 우리가 하나님의 존재하심을 기쁘게 누릴 수 있게 만들어 준다. 믿음은 하나님을 기쁘시게 한다. 믿음은 하나님의 존재와 하나님의 약속, 그리고 지금 역사하고 있는 하나님의 능력에 의존한다. 이것은 예배를 도와주는 역할을 한다.

(4) **기도와 찬양.** 기도와 찬양은 필요와 경배와 감사의 표현들이다. 그것은 개인 예배의 가장 자연스러운 부분이다. 또한 하나님의 축복을 생각할 때, 자연적으로 나오는 것이다. 그러한 생각은 성경을 읽는 중에 생길 수도 있고(시 119:97-99), 또는 각자의 삶에서 볼 수

있는 하나님의 역사하심을 돌이켜 봄으로써 행해질 수도 있다. 기도와 찬양은 하나님이 기뻐 받으실만한 적절한 말을 하기 위한 인위적인 노력이 아니다. 그것은 하나님 앞에서 당신의 삶을 가장 자연스럽고 진실한 언어로 솔직하게 전달하는 행위이다.

### 5) 개인 예배의 요소들

개인적으로 하나님을 예배할 때 다음의 행위들을 포함시킨다.

(1) **예배 시간을 정한다.** 개인 예배는 당신이 삶 속에서 하나님의 존재를 경험하고 그에 대해 반응을 보이는 어느 때라도 즉흥적으로 일어날 수 있다. 정규적인 예배 시간을 정해 놓는 것은 삶에 영적인 규율을 제공해 주며, 또한 즉흥적인 기쁨과 환희의 순간들만 아니라 모든 삶을 하나님 앞에 가져 가게 만들어 준다. 살아계신 하나님과 매일 역동적인 대면을 할 수 있는 정규적인 시간을 따로 떼어 놓는다.

(2) **하나님의 말씀인 성경을 읽는다.** 하나님이 성경으로 당신에게 말씀하시게 하며, 당신의 삶에 영향을 미치도록 하고, 하나님께 반응할 이유를 주도록 한다. 성경을 읽으면서 찬양과 고백, 헌신과 중보, 그리고 하나님 앞에서 기뻐해야 할 이유를 찾는다.

(3) **하나님께 노래한다.** 음악은 진리를 잘 소통할 수 있게 하는 방식이고, 우리에게 좋은 느낌을 갖게 해 준다. 음악은 예배의 동기를 부여할 뿐만 아니라, 예배를 표현하도록 만들어 준다. 개인 예배에서 당신은 음악적 소질이 부족한 것에 대해서 의식할 필요가 없다. 당신은 자유롭게 즐거운 소리로 하나님께 노래할 수 있다.

(4) **하나님을 찬양한다.** 예배의 핵심은 찬양이다. 당신 자신의 말로 자유롭게 하나님을 찬양한다. 자유로움을 느끼지 못하거나 찬양의 언어들을 찾지 못하면 시편이나 고린도전서 13장, 빌립보서 2장, 그리고 골로새서 1장 등을 읽어 본다.

(5) **침묵한다.** 하나님의 존재를 체험하고 하나님께 집중한다. 하나님에 대한 생각이 당신의 의식 세계를 가득 채우도록 한다. 당신의 삶을 둘러싸고 있는 그분의 사랑을 집중적으로 생각하는데 당신 자신의 목소리조차 방해 요소가 되지 않게 한다.

(6) **하나님께 감사한다.** 일상생활의 경험에서 하나님께 감사해야 할 구체적인 이유들을 열거해 본다. 감사는 하나님의 구체적인 행위에 대한 응답이다. 하나님이 당신을 위해 무엇을 하고 계시는지를 스스로 깨닫도록 한다. 감사의 시편들과 바울 서신들이 서두를 읽어 봄으로써 하나님께 감사를 표현하는 모범을 찾을 수 있다.

(7) **당신의 믿음과 죄악을 고백한다.** 예배와 찬양을 통해서 당신의 신앙을 고백하도록 한다. 당신의 연약함을 하나님께 고백하고 그분이 주시는 강건케 함을 간구한다. 죄들을 고백하고 하나님의 용서를 구한다.

(8) **하루를 하나님께 드린다.** 하룻동안 하나님의 인도하심을 따르겠다는 것과 온 종일 그분의 존재를 강하게 느낄 수 있게 해 달라는 개인적인 헌신의 약속으로 예배를 끝맺는다. 이 헌신과 간구를 매일 새롭게 함으로써 하루 종일 실천한다.

## ■ 개인 예배(Q.T.) 노트

| 구　　　분 | 내　　　용 |
|---|---|
| 일　　　시 | 년　　월　　일　　시　　분 |
| 찬　　　송 | |
| 기 도 제 목 | |
| 묵상한 성경말씀 | |
| 성 경 내 용 | |
| 깨달은 내용 | |
| 적용할 내용 | |

## ■ 개인 예배(Q.T.) 노트

| 구　　분 | 내　　용 |
|---|---|
| 일　　시 | 년　　월　　일　　시　　분 |
| 찬　　송 | |
| 기 도 제 목 | |
| 묵상한 성경말씀 | |
| 성 경 내 용 | |
| 깨달은 내용 | |
| 적용할 내용 | |

## ■ 개인 예배(Q.T.) 노트

| 구 분 | 내 용 |
|---|---|
| 일 시 | 년 월 일 시 분 |
| 찬 송 | |
| 기 도 제 목 | |
| 묵상한 성경말씀 | |
| 성 경 내 용 | |
| 깨달은 내용 | |
| 적용할 내용 | |

## ■ 가정 예배 설교노트

| 구 분 | 내 용 |
|---|---|
| 일 시 | 년 월 일 시 분 |
| 찬 송 | |
| 설 교 자 | |
| 성 경 말 씀 | |
| 설 교 내 용 | |

## ■ 가정 예배 설교노트

| 구 분 | 내 용 |
|---|---|
| 일 시 | 년 월 일 시 분 |
| 찬 송 | |
| 설 교 자 | |
| 성 경 말 씀 | |
| 설 교 내 용 | |

## ■ 가정 예배 설교노트

| 구 분 | 내 용 |
|---|---|
| 일 시 | 년 월 일 시 분 |
| 찬 송 | |
| 설 교 자 | |
| 성 경 말 씀 | |
| 설 교 내 용 | |

## ■ 소그룹 예배 설교노트

| 구 분 | 내 용 |
| --- | --- |
| 일 시 | 년 월 일 시 분 |
| 소그룹유형 | 교구( ) 구역( ) 속회( ) 목장( ) 셀( ) 기타( ) 중에 0표 |
| 찬 송 | |
| 기 도 | |
| 설 교 자 | |
| 성경말씀 | |
| 설교제목 | |
| 설교내용 | |

## ■ 소그룹 예배 설교노트

| 구 분 | 내 용 |
|---|---|
| 일 시 | 년 월 일 시 분 |
| 소그룹유형 | 교구( ) 구역( ) 속회( ) 목장( ) 셀( ) 기타( ) 중에 0표 |
| 찬 송 | |
| 기 도 | |
| 설 교 자 | |
| 성경말씀 | |
| 설교제목 | |
| 설교내용 | |

## ■ 소그룹 예배 설교노트

| 구　　　분 | 내　　　용 |
|---|---|
| 일　　　시 | 년　　월　　일　　시　　분 |
| 소 그 룹 유 형 | 교구(　) 구역(　) 속회(　) 목장(　) 셀(　) 기타(　) 중에 O표 |
| 찬　　　송 | |
| 기　　　도 | |
| 설　교　자 | |
| 성 경 말 씀 | |
| 설 교 제 목 | |
| 설 교 내 용 | |

## ■ 교회 예배 설교노트

| 구 분 | 내 용 |
|---|---|
| 일 시 | 년 월 일 시 분 |
| 예 배 유 형 | 주일낮예배( ) 주일저녁(오후)예배( )<br>삼일(수요)예배( ) 새벽예배( ) 중에 O표 |
| 찬 송 | |
| 기 도 | |
| 설 교 자 | |
| 성 경 말 씀 | |
| 설 교 제 목 | |
| 설 교 내 용 | |

## ■ 교회 예배 설교노트

| 구　　　분 | 내　　　용 |
| --- | --- |
| 일　　　시 | 년　　월　　일　　시　　분 |
| 예 배 유 형 | 주일낮예배(　) 주일저녁(오후)예배(　)<br>삼일(수요)예배(　) 새벽예배(　) 중에 0표 |
| 찬　　　송 | |
| 기　　　도 | |
| 설　교　자 | |
| 성 경 말 씀 | |
| 설 교 제 목 | |
| 설 교 내 용 | |

## ■ 교회 예배 설교노트

| 구 분 | 내 용 |
|---|---|
| 일 시 | 년 월 일 시 분 |
| 예 배 유 형 | 주일낮예배( ) 주일저녁(오후)예배( )<br>삼일(수요)예배( ) 새벽예배( ) 중에 0표 |
| 찬 송 | |
| 기 도 | |
| 설 교 자 | |
| 성 경 말 씀 | |
| 설 교 제 목 | |
| 설 교 내 용 | |

## ■ 교회 예배 설교노트

| 구 분 | 내 용 |
|---|---|
| 일 시 | 년 월 일 시 분 |
| 예 배 유 형 | 주일낮예배( ) 주일저녁(오후)예배( )<br>삼일(수요)예배( ) 새벽예배( ) 중에 O표 |
| 찬 송 | |
| 기 도 | |
| 설 교 자 | |
| 성 경 말 씀 | |
| 설 교 제 목 | |
| 설 교 내 용 | |

## ■ 기도노트

| 날 짜 | 기도제목 | 기도응답내용 |
|---|---|---|
| | | |
| | | |
| | | |
| | | |
| | | |
| | | |
| | | |
| | | |
| | | |
| | | |
| | | |
| | | |
| | | |
| | | |
| | | |
| | | |
| | | |
| | | |
| | | |
| | | |
| | | |
| | | |

## ■ 기도노트

| 날 짜 | 기도제목 | 기도응답내용 |
|---|---|---|
| | | |
| | | |
| | | |
| | | |
| | | |
| | | |
| | | |
| | | |
| | | |
| | | |
| | | |
| | | |
| | | |
| | | |
| | | |
| | | |
| | | |
| | | |
| | | |
| | | |
| | | |
| | | |

## 기도노트

| 날 짜 | 기도제목 | 기도 응답 내용 |
|---|---|---|
| | | |
| | | |
| | | |
| | | |
| | | |
| | | |
| | | |
| | | |
| | | |
| | | |
| | | |
| | | |
| | | |
| | | |
| | | |
| | | |
| | | |
| | | |
| | | |
| | | |
| | | |
| | | |

## ■ 출석부

| 번 호 | 이 름 | 연락처 | 날짜 | | | | | | | | | |
|---|---|---|---|---|---|---|---|---|---|---|---|---|
| | | | | | | | | | | | | |
| | | | | | | | | | | | | |
| | | | | | | | | | | | | |
| | | | | | | | | | | | | |
| | | | | | | | | | | | | |
| | | | | | | | | | | | | |
| | | | | | | | | | | | | |
| | | | | | | | | | | | | |
| | | | | | | | | | | | | |
| | | | | | | | | | | | | |
| | | | | | | | | | | | | |
| | | | | | | | | | | | | |
| | | | | | | | | | | | | |
| | | | | | | | | | | | | |
| | | | | | | | | | | | | |
| | | | | | | | | | | | | |
| | | | | | | | | | | | | |
| | | | | | | | | | | | | |
| | | | | | | | | | | | | |
| | | | | | | | | | | | | |
| | | | | | | | | | | | | |
| | | | | | | | | | | | | |

## 출석부

| 번 호 | 이 름 | 연락처 | 날짜 | | | | | | | | | |
|---|---|---|---|---|---|---|---|---|---|---|---|---|
| | | | | | | | | | | | | |
| | | | | | | | | | | | | |
| | | | | | | | | | | | | |
| | | | | | | | | | | | | |
| | | | | | | | | | | | | |
| | | | | | | | | | | | | |
| | | | | | | | | | | | | |
| | | | | | | | | | | | | |
| | | | | | | | | | | | | |
| | | | | | | | | | | | | |
| | | | | | | | | | | | | |
| | | | | | | | | | | | | |
| | | | | | | | | | | | | |
| | | | | | | | | | | | | |
| | | | | | | | | | | | | |
| | | | | | | | | | | | | |
| | | | | | | | | | | | | |
| | | | | | | | | | | | | |
| | | | | | | | | | | | | |
| | | | | | | | | | | | | |
| | | | | | | | | | | | | |

## ■ 출석부

| 번 호 | 이 름 | 연락처 | 날짜 | | | | | | | | | |
|---|---|---|---|---|---|---|---|---|---|---|---|---|
| | | | | | | | | | | | | |
| | | | | | | | | | | | | |
| | | | | | | | | | | | | |
| | | | | | | | | | | | | |
| | | | | | | | | | | | | |
| | | | | | | | | | | | | |
| | | | | | | | | | | | | |
| | | | | | | | | | | | | |
| | | | | | | | | | | | | |
| | | | | | | | | | | | | |
| | | | | | | | | | | | | |
| | | | | | | | | | | | | |
| | | | | | | | | | | | | |
| | | | | | | | | | | | | |
| | | | | | | | | | | | | |
| | | | | | | | | | | | | |
| | | | | | | | | | | | | |
| | | | | | | | | | | | | |
| | | | | | | | | | | | | |
| | | | | | | | | | | | | |
| | | | | | | | | | | | | |

## 출석부

| 번 호 | 이 름 | 연락처 | 날짜 | | | | | | | | | |
|---|---|---|---|---|---|---|---|---|---|---|---|---|
| | | | | | | | | | | | | |
| | | | | | | | | | | | | |
| | | | | | | | | | | | | |
| | | | | | | | | | | | | |
| | | | | | | | | | | | | |
| | | | | | | | | | | | | |
| | | | | | | | | | | | | |
| | | | | | | | | | | | | |
| | | | | | | | | | | | | |
| | | | | | | | | | | | | |
| | | | | | | | | | | | | |
| | | | | | | | | | | | | |
| | | | | | | | | | | | | |
| | | | | | | | | | | | | |
| | | | | | | | | | | | | |
| | | | | | | | | | | | | |
| | | | | | | | | | | | | |
| | | | | | | | | | | | | |
| | | | | | | | | | | | | |
| | | | | | | | | | | | | |
| | | | | | | | | | | | | |
| | | | | | | | | | | | | |